中国共产党诞生地
出版工程

龙华英烈画传系列丛书

张佐臣
画传

中共上海市委党史研究室 龙华烈士纪念馆 编

沈洁 著

上海人民出版社

出版说明

    2021 年是中国共产党成立 100 周年，为回望早期中国共产党人"革命理想高于天"的信仰力量、艰苦卓绝的开拓斗争、舍生取义的无畏牺牲，从中汲取继续奋进的强大精神力量，由中共上海市委宣传部组织，中共上海市委党史研究室、龙华烈士纪念馆编写龙华英烈画传系列丛书，致敬为真理上下求索、为信仰奋斗牺牲的革命先驱们。

    上海市龙华烈士陵园（龙华烈士纪念馆）是国民革命、土地革命时期著名英烈人物最为集中的纪念地。在新中国成立前中国共产党产生了 171 位中央委员，其中有 42 人牺牲，在龙华牺牲了 7 位，占六分之一；首届中共中央监察委委员 10 人中有 8 人牺牲，在龙华牺牲了 4 位，占二分之一；其他曾在龙华被押过的革命者更是数以千计。丛书首批选取 11 位英烈，按照其生平脉络，选取若干重要历史事件，配以反映历史背景、切合主题内容、延伸相关阅读的丰富历史图片，以图文并茂的方式叙写龙华英烈们在风雨如晦中筚路蓝缕的艰难寻路、为中国革命披肝沥胆的无畏与牺牲，彰显早期中国共产党人实现救国、救民的初心。

丛书所收录的图片和史料多源自各兄弟省市党史研究室、纪念场馆，以及中共上海市委党史研究室、龙华烈士纪念馆等机构的公开出版物及展陈，或源自英烈后代的珍藏。基本采用历史事件发生时期的老照片，但由于年代久远且条件有限，部分无法直接利用的老照片，或进行必要修复，或通过对现存史料进行考证后重新拍摄。

丛书反映内容跨度长、涉及面广、信息量大且年代久远，编写人员虽竭尽全力，但不足和疏漏之处在所难免，敬请广大读者批评指正。

目录

一　**伟大运动　初展才能**

在沪东工人进德会学习　　　　　　　　　　003

齐心协力一致罢工　　　　　　　　　　　　010

据理力争"争人格"　　　　　　　　　　　015

二　**工人群众的"张大哥"**

顾正红追悼大会的副指挥　　　　　　　　　023

指导工人罢工的张主任　　　　　　　　　　028

发展工人积极分子入党　　　　　　　　　　037

浦东平民学校　　　　　　　　　　　　　　040

志同道合的革命伴侣　　　　　　　　　　　047

三　**深入无锡开展工人运动**

点燃工人队伍这堆"干柴"　　　　　　　　057

　　欢迎北伐军，为大革命造声势　　　　　　060

　　无锡工运风起云涌　　　　　　　　　　　066

四　临危受命"战"上海

　　力克恐怖稳人心　　　　　　　　　　　　073

　　最年轻的首届中央监察委委员　　　　　　077

五　慷慨就义死如归

　　壮志未酬陷囹圄　　　　　　　　　　　　089

　　血染"枫林"亦不屈　　　　　　　　　　091

张佐臣大事年表　　　　　　　　　　　　　　097

参考文献　　　　　　　　　　　　　　　　　101

后　记　　　　　　　　　　　　　　　　　　103

一

伟大运动　初展才能

平湖，南临杭州湾，东北通黄浦江，枕江滨海，土沃物丰，交通便利，是块美丽富饶的土地，素有"金平湖"的美称。

1906年的平湖县隶属于嘉兴府，气温适中，四季分明，气候湿润，是典型的江南水乡。这一年，今后将永载史册的中国共产党第一届中央监察委委员张佐臣出生于平湖的一户贫苦人家。为了谋生，年轻的张佐臣离开家乡，到上海日商大康纱厂做工。

在沪东工人进德会学习

位于上海杨树浦（沪东地区）的大康纱厂，建于1920年，

张佐臣（画像）

20 世纪 20 年代平湖掠影

今日平湖

张佐臣画传

属日本纺织株式会社。大康纱厂建厂后不久，厂里多了一位个子1.75 米左右，长脸、不胖的青年工人，他就是张佐臣。

工作了几年之后，张佐臣听闻周围有一个进德会，会内设有阅览室、娱乐室和平民学校，广泛吸引工人群众参加各种活动。进德会的全名是"沪东工人进德会"，是 1924 年 9 月，中共上海地委派蔡之华（蔡支华）到沪东建立的，会址在眉州路 603

大康纱厂界碑（现存上海纺织博物馆）　沪东工人进德会旧址（眉州路 603 号，现已拆除）

号，这是沪东最早的由中国共产党领导的地区性工会组织。考虑到工人文化程度参差不齐，思想觉悟也高低不一，进德会不断采用新的教育方式，诸如办识字班、算术班、读书班和阅报班等，向大众传授文化知识，还开办适合中低层次工人需求的故事班，用讲故事的形式宣传革命道理。针对中年工人爱好下棋的特点，进德会便组织棋类活动，用"胜负乃兵家常事"及"以少胜多、以弱胜强"的辩证原理，鼓舞工人同旧的剥削制度作抗争的斗志。

此外，蔡之华和教师吴先清、陈竹山等，经常在工人居住区活动，深入工人家庭访贫问苦，与工人群众促膝谈心，向他们宣传马克思主义，启发他们的阶级觉悟，鼓励工人团结起来与日本资本家、英国资本家等作斗争，争取人身权利。进德会的工作人员深入群众开展活动，他们以进德会为阵地向工人讲述革命形势、宣传革命道理，并以演剧、发小册子等形式扩大宣传面，这些活动深受工人欢迎。每逢休假，附近纱厂的工人就成群结队地到工人进德会听讲演、看话剧。

张佐臣一有空就到夜校学习，进德会寓教于乐、有针对性的教育方式，形式多样的宣传方法，让识字的他很快"迷"上了先进思想。在进德会，张佐臣通过上夜课、演剧、阅读进步书刊等活动，逐渐成长为工人运动的积极分子。

沪东工人进德会通过寓教于乐的方式，吸收会员，进德会会员分布面很广，有来自纱厂、电灯厂、自来水厂、铁工厂、电车公司等的工人，还有店员和海员。不多时，沪东工人进德会就发展了1100余名会员，其中女工占六分之一。进德会善于从会员中发展优秀分子加入中国共产党，经常去听蔡之华讲课的工人运动的积极分子张佐臣，由此被发展为中国共产党党员。入党后，张佐臣积极配合工人进德会在大康纱厂开展反帝宣传工作，"成为这个厂工会的最早组织者"。

沪东卷烟厂工人在下班途中

到 1924 年 11 月，进德会在工人中发展党员 8 名，团员几十名。除张佐臣外，李成（李立三）、宝根、黄抡先等中共党员都曾在沪东工人进德会工作、学习过。沪东工人进德会发展的党团员、工会会员像红色的种子传播、分散到各处。

然而，1925 年初，吴先清到大康纱厂从事革命活动时，日本资本家报告了巡捕房，吴先清遭逮捕。她的被捕激起了工人的愤怒。裕丰、大康、同兴、上海纱厂三厂的工人一起到巡捕房抗议，要求放人，巡捕用高压自来水龙头冲散工人队伍，并派包探程海彪率人捣毁了沪东工人进德会，蔡之华只得暂时隐蔽。但进德会的活动并未因此而停顿，规模反而越来越大，在沪东各纱厂

吴先清

沪东工人进德会旧址（今眉州路 671 号荣丰花园）

都建立了工厂小组。

1925 年 2 月，日商纱厂罢工后，进德会因会址被查封、主要负责人被捕而解散。但沪东工人进德会的 1100 多名会员还是坚持在工人群众中开展革命活动，他们中的许多人成为后来开展党的工作和发动工人运动的骨干力量。这其中，就有后来的中华全国总工会执行委员、第一届中共中央监察委委员张佐臣。虽然由于进德会的解散，张佐臣失去了学习的乐园，但是，这所学校教会他的，伴随并渗透进了他之后的革命生涯。

齐心协力一致罢工

上海日商纱厂的罢工始于内外棉八厂。1925年2月2日，沪西日商内外棉八厂粗纱车间内，一个连续做工11个小时的12岁女童工已精疲力尽，她不知不觉地靠在车头上睡着了，正巧被日本领班看见，顿时拳脚相加，致使童工受伤倒地，童工的姐姐见状上前理论，被蛮横的日本领班打了两个耳光。此事引起车间男工的不平，群起与日本人评理。日本资本家趁机将50名男工开除，想用工资低廉的养成工将其替换。消息传开，工人们非常愤怒，聚在一起共商对策，前来接班的粗纱间男工当即宣布罢工，表示与夜班男工同进退。2月4日，被开除的男工要求资本家结清工资，日本资本家竟勾结普陀路巡捕房将6名带头的工人抓走。全厂工人怒不可遏，纷纷表示要关厂罢工。

共产党人邓中夏等决定利用这次事件，发动上海日商纱厂工人大罢工，以扭转工人运动的低潮局面，于是，邓中夏、李立三、刘华等人领导成立了罢工委员会，宣布罢工。大罢工于2月9日爆发。内外棉五厂、七厂、八厂、十二厂的工人相继罢工。第二天，九厂、十三厂、十四厂的工人也纷纷响应罢工。到12日，内外棉十一个厂的15000余名工人全部罢工。

内外棉厂工人的罢工宣言

罢工迅速由沪西影响到沪东。

位于沪东的日商纱厂里，管理工厂的领班及以上的职员全为日本人，对中国工人极为野蛮残暴，工人平时受尽日本人的虐待、剥削。厂内工人大多是由工头招来的，每天工作 12 小时以上，过着非人的生活，因此他们对日本帝国主义仇深似海，反抗情绪尤为强烈。闻知沪西发生了罢工事件，就奋起响应。

随着罢工的影响越来越大，中国共产党根据当时形势，决定以此为契机在上海掀起一次工人运动高潮。沪东工人的罢工，是张佐臣等人组织发动起来的。张佐臣根据中共党组织的决定，利用自己在车间担任记工员的便利条件，广泛联络群众，宣传党的决定。他向工人们呼吁："工友们，东洋人压迫我们真是到了极点。唯一的办法，只有大家齐心，一致罢工，反抗东洋人的虐待。"2月14日，张佐臣与高雷、王淦亭等其他几名党员一起，带动日商大康纱厂4000余名员工，在沪东率先发起了支援沪西工人罢工斗争的全厂大罢工。

在罢工的战斗中，张佐臣在大康纱厂组织成立工会，并散发大罢工传单。传单上写道："工友们，我们在东洋人厂里做工，东洋人把我们看作牛马，要打便打，要骂便骂。我们统统是中国人，天天受东洋人的打骂，做东洋人的牛马、奴隶，这不仅是我们工人的耻辱，并且是中国四万万同胞的耻辱。工友们！大家一条心，反对东洋人的虐待，从前做牛做马，以后要做人，为工人争面子，大家要听工会的话，能听工会的话，便是一条心，大家一条心，便可以得到最后的胜利。"

由于大康纱厂厂址在公共租界的腾越路上，罢工集会经常受到公共租界巡捕房的干扰，因此，后来大康纱厂的工人集会都在引翔港一带中国地界的空地上举行。2月16日，引翔港地区气温很低，雨雪纷飞，大康纱厂工人在张佐臣的带领下，不畏寒冷，在空地上召开大会，工人们满腔仇恨，揭露日本资本家剥削压迫工人的罪行，决心要与日本资本家斗到底。为了防止敌人的破

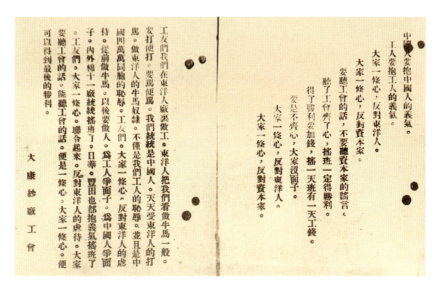

中國人要抱中國人的義氣。
工人要抱工人的義氣。
大家一條心，反對東洋人。
大家一條心，反對資本家。
要聽工會的話，不要聽資本家的謠言。
聽了工會的話齊了心，搖班一定得勝利。
得了勝利要加錢，搖一天班有一天工錢。
要是不齊心，大家沒面子。
大家一條心，反對東洋人。
大家一條心，反對資本家。

工友們，我們在東洋人廠裏要工。東洋人把我們看做牛馬一般。天天受東洋人的打罵。要打便打。要罵便罵。我們統統是中國人。不僅是我們工人的恥辱。並且是中國四萬萬同胞的恥辱。工友們。大家一條心。反對東洋人的虐待。為中國人爭面子。內外棉十一廠統統搖班了。工友們。大家一條心。聯合起來。反對東洋人的虐待。為工人爭面子。日華。豐田也都抱義氣搖班了子。從前做牛馬。以後要做人。大家一條心。便是要聽工會的話。能聽工會的話。便是一條心。大家可以得到最後的勝利。

大康紗廠工會

大康纱厂工会散发的传单

坏，工人们在党组织的领导下和沪东工人进德会的努力下，组织了纠察队。

2月17日，日本资本家勾结杨树浦巡捕房逮捕了到大康纱厂研究罢工工作的沪东工人进德会教师吴先清。

日商裕丰纱厂的工人们闻知吴先清被捕，非常愤怒，他们于2月18日清晨6时开始了罢工斗争。全厂4000多人在共产党员万金福的带领下冲出工厂，集中到沪江大学附近的空地上召开大会，组织了30多个纠察队。

张佐臣和其他几个党员编印了《罢工宣言》，向厂方提出：

"不得借故开除工人；以后厂中不能打人；不得多罚工钱"等7项条件，并表示一定要"达到最后的胜利"才罢休。他们将被压抑多年、有反抗情绪的纱厂工人引导到有计划、有目标的斗争中来，形成一股反帝的洪流。

2月19日，引翔港警署的警察冲入裕丰纱厂工人大会会场，并以煽动罢工罪拘捕了工人代表。正在附近开会的大康纱厂工会接到报告后，组织浩浩荡荡的工人队伍与裕丰纱厂工人汇合，直奔警署，要求释放被拘捕的工人代表。两个纱厂的7000多名工人围住警署，高声呼喊："中国人不要做东洋人的走狗！""释放工人代表！"等口号。署长见势便命令警察朝天鸣枪。工人们毫不惧怕，口号声一浪高过一浪。随之，租界的巡捕房也派人前来镇压。至此，工人们气愤已极，怒吼着将警署的篱笆推倒，随手拿起砖头、石块投掷打人的警察。警察迫于众怒不敢开枪，但冲突还是发生了。在冲突中，约有50名工人被捕，邓中夏也被捕了，所幸他的身份没有暴露，但大批工人仍在坚持高声抗议。

在大康、裕丰纱厂的带动下，沪东地区的公大（上棉十九厂），同兴，上海纱厂一、二、三厂等日商纱厂工人群起响应，一致举行罢工。罢工浪潮席卷全市日商纱厂，形成了闻名全国的有35万人参加的"上海日商纱厂工人二月同盟大罢工"。这是全

小沙渡、潭子湾的大丰纱厂老公房大丰里（今已拆）是二月罢工领导者们的活动据点

上海日商纱厂工人的第一次同盟大罢工，史称"二月罢工"。

据理力争"争人格"

日本资本家不甘心失败，勾结军阀政府的警署与工部局的巡捕房，联合起来镇压罢工。2月20日，警署和巡捕房逮捕了罢工领导人、进德会的负责人蔡之华及16位工人，封掉了大康、裕丰两厂的工会。日本还派遣军舰开进上海黄浦江威胁罢工工人。

工人在党组织及工会的领导下毫不畏惧，坚持罢工斗争。

这次罢工中，日本资本家因罢工损失达数十万两白银。逮捕、威胁、镇压都动摇不了工人反帝斗争的决心。2月25日，由于罢工形势严峻，日商被迫与工人谈判。张佐臣被推举为上海日商纱厂6名工人代表之一，出面参加谈判。谈判开始，工人代表首先提出解决工潮的八项条件：（1）严禁殴打工人；（2）增加一成工资；（3）工资每两周发一次；（4）恢复辞退的四十人之职务；（5）罢工期内工资照付；（6）公司规定奖励勤勉的工人，废止储金制度；（7）不得无故辞退工人；（8）释放被拘工人。

对工人提出的条件，日本内外棉社上海支店经理岗田源太郎逐条狡辩。张佐臣对此非常气愤，指责道："今天，是你们请我们来谈判的，如果你们没有诚意，不考虑我们提出的条件，只想推卸责任，那就不必坐在这里讲空话，浪费时间。"

张佐臣的话，使在一旁充当调解人的上海总商会副会长王一亭（曾任日本日清公司买办）坐不住了，忙打圆场说："不必急，大家好商量。"

张佐臣不理他，继续说："如不接受我们的条件，我们就继续罢工。"

王一亭对张佐臣说："你们有些条件提得太刺激了。为了顾全对方体面，有些枝节问题可以不提。"

张佐臣对王一亭的说辞非常不满，质问道："什么叫枝节问题？什么叫体面？难道我们工人挨打挨骂，被随便开除，关在监狱里受罪就很体面吗？这些都是枝节问题吗？"

一席义正词严的话，使得王一亭好一阵子才开口："这几件事，由总商会去疏通疏通，大概可以解决；其他问题，再慢慢商量。"

工人们这次热火朝天的罢工斗争，有力地打击了帝国主义的反动气焰。日本资本家不得不答应工人提出的一部分条件："不准东洋人打人""取消'厕牌'的陋规"和"释放被捕工人"等条件。26日，双方达成协议：（1）工人照常一律优待，如有虐待，准可禀告厂主秉公办理；（2）工人能回厂安分工作者照旧工作；（3）储蓄金照章满五年发还，未满五年开除者，如平时在厂有成绩，亦可发还；（4）工资两星期发一次（照章办理）。这一协议虽与工会提出的复工条件有出入，但张佐臣与其他工人代表认为这次罢工的主要目的是"争人格"。既然目的基本达到，也就表示可以接受复工条件。这一决定后来得到了工人运动领导人李立三、刘华的赞同。

二月罢工结束后，3月1日下午1时，张佐臣返回沪东，在引翔港召集大康、裕丰两家纱厂的工人开会。张佐臣与裕丰纱厂的代表向工人报告了谈判经过及上工条件，决定2日起复工，并

談判勝利后
散发的传单

條約已經簽字

工友一齊上工

星期下午在引翔港工會後面開大會

大家齊來聽章程

1925年3月1日，内外棉纱厂工会
召开复工大会，工人群众与各界代表
1000余人到会，刘华报告谈判经过，
并宣布胜利复工。图为合影局部，中
间为领导人刘华和刘贯之、朱国平、
杨之华（女、穿西服者）等

与会者合影

张佐臣画传

由大康纱厂印发"条约已经签字，工友一齐上工"的传单，广泛散发。

工人复工了，但狡猾的警方并没有履行条件立即放人。张佐臣即以谈判代表身份到淞沪警察厅进行交涉。在工人们的有力声援下，终于营救出在罢工中被捕的共产党人邓中夏、孙良惠和其他罢工工人。这场被时人誉为"二七大罢工"（京汉铁路工人大罢工）后的"伟大运动"至此才胜利结束。

张佐臣在这场罢工斗争中，义无反顾，敢斗敢冲，经受了斗争的考验，开始显现出他卓越的组织领导才能。同年5月1日，他作为上海工人代表之一出席了在广州召开的第二次全国劳动大

第二次全国劳动大会旧址

会。出席这次大会的代表共 281 人，会上成立了中国工人运动的领导机构——中华全国总工会，实现了中国工人阶级的统一团结。

广州轰轰烈烈的革命气氛，尤其是赤色职工国际代表奥斯脱夫斯基在演说中的一句话"工会是炮台。坚固地建立你们的炮台，打倒资本制度!"给张佐臣留下了很深的印象。他决心为建设工会这座"炮台"，为工人阶级自身的解放奋斗终生。

ZHANG ZUOCHEN

二

工人群众的『张大哥』

顾正红追悼大会的副指挥

在二月罢工中，受到打击的上海日商纱厂资本家耿耿于怀，伺机反扑。1925年5月15日，上海日商内外棉七厂五六百工人，为了反对东洋老板的阴谋关厂，聚集在厂门口。工人顾正红站在最前头，带领一群青年工人呼喊口号，率领工人与厂方交涉斗争，日本大班不敢露面，他的儿子小川村抽出两支手枪，上了

顾正红（1905—1925）

上海解放后建立于上海第二棉纺厂（原内外棉七厂）内的顾正红烈士塑像

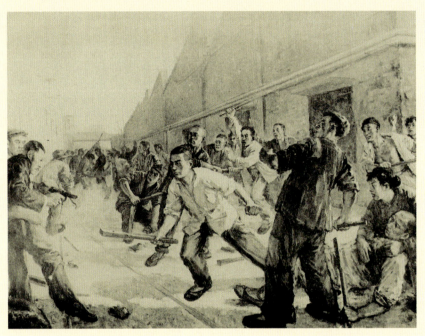

顾正红带领工人高喊"反对东洋人压迫工人"的口号，手持打梭棒与日本纱厂大班和工头进行斗争（创作画，孟光、杨祖述作于 1957 年）

《申报》于 5 月 16 日报道内外棉纱厂工潮酿成血案的情况

子弹，带着一班包打听和流氓，恶狠狠地拉开一扇小铁门，穿了出来，"砰砰"，对着顾正红的左腿和小腹开了两枪。顾正红中弹了，但他咬着牙，怒喊道："兄弟姊妹们，团结起来，斗争到底啊！"凶手小川村又接连开了两枪，顾正红倒在了血泊中……英国巡捕还赶来帮着逞凶，打伤了 11 个工人。

顾正红的英勇牺牲，11 个工人受伤，激起了日商纱厂工人的极端愤怒，中共上海地委立即派李立三赶赴小沙渡，领导工人群众予以反击。为了加强斗争的领导力量，上海日商纱厂工会联合

顾正红追悼大会

会成立了。张佐臣为总主任兼募捐主任。

5月24日，万余群众聚集在潭子湾（今中远两湾城）的空旷场地上，召开顾正红追悼大会。张佐臣担任大会副指挥。在会上，上海内外棉纱厂工会代表讲述了顾正红的生平和牺牲情况，与会者情绪激昂，一致挥着拳头高呼"反对东洋资本家枪杀工人！""为顾正红烈士报仇！"当时舆论认为，这次伟大的工人阶级集会，在上海是空前的。

在这次集会的前前后后，张佐臣全身心投入其中。

纱厂工会为抗议
顾正红惨死散发
的传单

工友们：

我们的弟兄顾正红被东洋人打死了，

还有许多弟兄，被东洋人打成了残疾。

东洋人真是野蛮巳极！此次不能雪耻，

我们个个人都有被东洋惨杀的危险呀！

大家抱义气！

雪耻报仇！

拥护工会！

听工会的话！

工友们团结起来！

内外棉纱厂工会

日华纱厂工会

同兴纱厂工会

内外棉纱厂工会为顾正红发表的宣言

指导工人罢工的张主任

第二次全国劳动大会之后，1925 年 5 月 18 日，上海总工会筹备委员会在闸北宝山路宝山里 2 号成立，出席大会的各工会代表有 100 多人，通过了总工会暂行章程，李立三当选为会长，张佐臣等 9 人为筹备会董事。

5 月 31 日晚，上海总工会筹备会在李立三主持下举行工会联席会议，决定正式成立上海总工会。6 月 1 日午后，上海总工会正式挂牌，会址设在宝山里 2 号（今宝山路 393 号），后迁至共和新路。上海总工会一成立，就发表了《告全体工友书》，其中有"我们的身体好像牛马一样，我们的性命好像虫蚁一样"的内容，反映出当时工人的心声。《告全体工友书》号召"全埠工友全体一致罢工，报仇雪耻，反抗残暴杀人的外国强盗"。以总工会为主体的上海全市的"总罢工、总罢课、总罢市"运动就此发动起来了。

围绕这一中心任务，上海总工会明确了组织体制。总工会在执行委员会之下，分设总务、交际、会计、宣传、组织等科，并于必要时设立特种委员会。张佐臣担任宣传科副主任，他和主任刘贯之、副主任严敦哲一起，带领若干宣传员，主要负责工会的宣传和教育事项。

总罢工之初，各行业工会组织罢工工人上街集会游行，散发

李立三

上海总工会最初会址：宝山路宝山里
2号（新中国成立后摄）

上海總工會告全體工友

工友們：我們中國，受外國帝國主義的侵擾壓迫，真是到了極點！上地被他佔去了，銀錢被他搶去了。上海本是我們中國的上海，但是住在上海的人，都要受外國巡捕房的管轄，那麼我們上海的人，便都成了亡國奴了！尤其是我們工人，更是苦不堪言！

我們的汗血，被他們剝削去了！
我們的身體，被他們打罵侮辱！
紅頭阿三，更是他們殘殺我們的劊子手！

我們工友被他們逼迫死的，毆打死的，汽車壓死的，那一天沒有？那一處沒有？
我們組織工會，要遭他們的壓迫禁止。同盟罷工，更要遭他們的摧殘！
我們的生命，好像是虫蟻一樣。
遭兩日的虐殺殘暴，比豺狼虎豹，還狠毒百倍！
小沙渡紗廠工友，被日本資本家打死了幾人打傷了幾十人！
學生演講，又被巡捕打死了十幾人，市民罷市，他們更大施虐殺，打死了五十餘人，被害者數百人！

流血滿街，死屍遍地！這種殺人的強盜，廳骸趕快起來反抗他，打倒他！
從六月二日起上海全埠，各業工友，全體一致罷工！
報仇雪恥，反抗殘暴殺人的外國強盜！

工友們！起來呀！罷工呀！

上海总工会告全体工友书：号
召从6月2日起举行总罢工

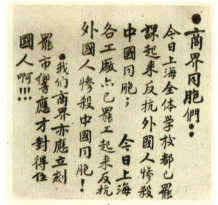

上海学生除罢课外，还印发传单，呼吁全市人民罢市、罢工

上海各马路商界总联合会印发呼吁商界立刻罢市的传单

传单。罢工进入相持阶段，上海总工会通告各办事处、各直属工会，组织演讲团，分至各工会、城乡各地演讲，宣传废除不平等条约和抵制洋货。

为了方便工会和工人办事，同时加强对各工会的指导，上海总工会在主要工人区域设立办事处。6月初，在上海总工会的领导下，张佐臣和杨之华（瞿秋白夫人）等人在浦东陆家宅、烂泥渡路地区（今陆家嘴地区）组织浦东罢工委员会，张佐臣担任浦东罢工委员会办事处［后改为上海总工会第三（浦东）办事处］主任。

在浦东负责接应张佐臣、杨之华，协助他们筹建工会，并设立了上海总工会浦东办事处的，是祥生铁厂的钳工领班杨培生。

杨培生，1883年生于江苏省川沙县（今上海市浦东新区），父亲在1884年考中秀才，平生以办私塾为业，杨培生没有上过正规学校，他的文化基础知识，就是在父亲身边获得的。1906年左右，杨培生在上海启昌机器厂当学徒，经过七八年锻炼，他已经成长为一名熟练的钳工师傅。由于启昌机器厂遭遇火灾、大肆裁退工人，杨培生以良好的技术进入浦东祥生铁厂工作。这家工厂是英商和记洋行所设祥生船厂之一部，经营船舶修造业务。在这里，杨培生凭着娴熟的技术被厂方提升为钳工领班，俗称"工头"，有了一份较为稳定的收入。他利用领班这一特殊身份，在群众中进行合法活动。他为人正直、处事稳重、热心助人，很快得到了工友的信任，团结了为数不少的工友。

五四运动爆发后，祥生铁厂的400名工匠首先参加全市的同

杨培生

盟罢工。几天后，又有铜匠、铁匠2000余人，冲破外商老板的阻拦，再次参加罢工声援北京学生。在罢工中，可以看到杨培生活跃的身影，写标语、传单，他的一手好字成了开展爱国斗争的锐利武器。那个时代，欧风东渐，"劳工神圣"浪潮在东方这块古老的土地上席卷，杨培生在厂内参与发起和组织"铜铁机器业工会"。这种团体当时虽然未能摆脱行帮的约束，成员政治面貌复杂，群众基础也较狭窄，但这是他早期参加的社会团体，是谋求工人团结互助、争取劳动地位的重要尝试。

1925年2月，沪西日商纱厂工人罢工，杨培生利用自己车间领班的职务，出色地鼓动本厂工匠为支持纱厂工人而实行罢工。他还在浦东各厂奔走，揭露帝国主义压迫工人的种种罪行，动员工友参加声援。五卅运动爆发后，杨培生作为工人运动骨干，成为了接应张佐臣、杨之华等同志的不二人选。6月初的一个傍晚，一个小骨架、长相精悍的青年，长长的脸上嵌着一双灼亮的眼睛，他来到浦东祥生铁厂，见到杨培生后，说："我是上海总工会第三办事处的，姓张，名叫佐臣。"

"哦，你就是张主任。"杨培生急忙起身，招呼他坐，作了自我介绍并汇报近期发动工人的情况。"你们做得很好，工人弟兄们的情绪很高。我们先来研究一下筹备成立工会的工作吧。"张佐臣说着，掏出了小笔记本。

在张佐臣的指导下，杨培生尽心尽力筹备成立祥生铁厂工会，租赁了浦东五福弄三德里的一间房子作为工会会所。凡登记造册，书写文告、标语之类，都由他一人包揽。他办事老练、持重，办法多，被工友唤作"赛诸葛"。祥生铁厂工会正式成立后，他被推选为会长。之后，杨培生积极响应上海总工会的罢工宣言，领导祥生铁厂工会，参加五卅运动后的总同盟罢工。杨培生还主动联系祥生铁厂和日华纱厂、英美烟厂，帮助张佐臣设立上海总工会浦东办事处。

河对岸为祥生船厂

祥生铁厂工会成立后不久，张佐臣又对杨培生等工会骨干交代了几项工作：搞好工会小组，马上组织纠察队，封锁厂门，防止坏人钻空子破坏罢工。

张佐臣走后，杨培生他们立即分工，连夜到工人家里拜访，物色一批工会积极分子。第二天清早，他们按照不同工种，10个人编成一个小组，选出小组长，又成立了一个纠察队。从此，工会组织严密了，纠察队也活跃起来了。

6月6日下午，祥生船厂工人到浦东吴家厅开会。会场上人山人海，足有4000人。大家都围坐在空旷的草地上，静静听着张佐臣讲话。张佐臣平时说话不多，可是开大会讲起话来声音洪亮，即使是远处的工人，也能听得清清楚楚。他的话句句说进了工人的心坎里，像一块磁石，吸引着工人紧紧团结在他周围。

"工人兄弟们，帝国主义和反动派编瞎话，说我们工人一辈子不会出头，我们千万不能上当！"他停了一下，用更响亮的声音说，"大家比画比画看，'工人'两字连起来，不就是个'天'字吗？"

"对！对！是天字。"识字的工人都争着回答。

"这就是说，我们工人联合起来的力量比天还大，任何力量都敌不过我们！大家想想看，要是世界上没有工人做工，那些帝国主义和反动派不早就冻死了吗？他们之所以能够骑在我们头上横行霸道，就是因为我们没有团结起来。世界上有个伟大的人发出过号召'全世界无产者联合起来!',我们要照着他的话去做。"

工人们一个个听得入了神,一边听一边说:"对!他说得真好。"前来听张佐臣讲话的人越来越多了。

一天晚上,天黑了,正是万家灯火初上时。杨培生、徐敏畅和杨鸣皋等祥生船厂的工会干部从外面回到工会办公地点,点亮了蜡烛,正围在一起谈论罢工的事,张佐臣夹着一些书报走到工会楼上,杨培生马上向他汇报前一阶段的工作。

张佐臣平时沉默寡言,可是一谈起闹革命的事,就浑身是劲。他拍拍杨培生的肩膀,大声赞道:"你们做得很好,反对帝国主义的斗争,越扩大越有力量。"他太激动了,一时胃病发作,感到有点难受,但他毫不在意,仍一心一意地追问:"你们打算明天干什么?"

徐敏畅反应最快,立即答道:"封锁厂门,把守码头!"

"明天下午召开工会小组长会议,要大家坚持罢工,注意内奸破坏。"杨培生补充道。

"对,除了这些工作,我们还要募捐,还要搭台演戏,开办工人夜校,进一步揭露帝国主义的嘴脸。坚持罢工,肚子吃不饱不行,眼睛擦不亮更不行。"张佐臣给大家布置新的任务。

临走前,张佐臣放下了几本书和杂志,说:"这是马克思写的书,这是《向导》周报,我们革命工人都得好好读读,可不要

《向导》周报

借给别人。"

徐敏畅接过书,有点疑惑地问道:"马克思是什么人?"

"马克思是全世界无产阶级的革命导师!书里讲的都是真理啊!"张佐臣解释道。

九点的钟声响起,张佐臣还要过江,赶到上海总工会汇报工作。他正要下楼,杨鸣皋想起了什么,郑重地说:"要不要陪你过江?夜里走路担风险呀!"

"干革命早将害怕甩在脑后了……我们常常走夜路,'妖魔鬼怪'（指国民党反动派及帝国主义分子）是不敢动我们一根汗毛的。"说完，张佐臣迈开大步，轻快地下楼了。

杨培生望着张佐臣的背影，赞不绝口："我长到40多岁，还是第一次碰见这样的人。你看，他一不为钱，二不为名，成天冒着危险，为革命奔走，为工人发声，真是好样的！"

"听说他是共产党员呢……""跟着这样的人走，永远不会吃亏，永远不会走上歪路的！"杨培生若有所悟地说。

发展工人积极分子入党

担任上海总工会第三（浦东）办事处主任期间，张佐臣通过祥生铁厂工会的杨培生，先后联系了日华纱厂、英美烟厂、祥生铁厂等厂的工人，掌握情况，筹建工会，通过物色骨干、创办工人夜校等方式，先后培养介绍了杨培生、徐大妹等在五卅运动中涌现出来的工人积极分子加入中国共产党。

杨培生是祥生铁厂的工会会长，在他的主持下，祥生铁厂工会很快成为浦东地区组织健全、团结一致的一面旗帜。在张佐臣等中共党员的熏陶下，又经过实际工作的锻炼，杨培生的政治觉悟、工作作风、领导方法渐趋成熟。这时，他已40多岁了，而张佐臣还不到20岁。在张佐臣面前，杨培生十分谦逊，丝毫不以长者自居。相反，他从张佐臣身上汲取了更多智慧、力量和朝

《新青年》创刊号和首次在这份刊物上发表的由瞿秋白翻译的《国际歌》中文歌词

气。张佐臣到浦东后，利用工作关系，经常和杨培生谈心，带些党内刊物和宣传品给他阅读，不断提高他的政治觉悟。杨培生心里逐渐亮堂起来，比自己年轻的张佐臣之所以有一种魅力，因为他是个比工会还先进的组织的成员——共产党员。

　　一天，散会后，张佐臣教大家唱一支新歌。杨培生听着这陌生而又熟悉的音调，情绪激动，浑身是劲。张佐臣告诉杨培生，这就是《国际歌》，我们工人阶级的歌。"起来，饥寒交迫的奴隶，起来，全世界的罪人！满腔的热血已经沸腾！"杨培生他们很兴奋，唱了一遍又一遍，越唱越有劲。这首歌杨培生很快就学会了，他细细回味着这首歌，体验着一种过去从未有过的情感。他憧憬党，希望自己能早日成为这个队伍中的一员。

几天后，张佐臣找杨培生他们谈话："杨师傅，你们要作长期斗争的打算，还要好好组织起来。"

"我们有了自己的工会，不是已经组织起来了吗?"杨培生没懂张佐臣的意思。

"单组织工会还不够，必须参加工人阶级的先锋队——中国共产党!"张佐臣郑重地说。

杨培生毫不犹豫地说："我要加入中国共产党，我要为兄弟们做事。虽然现在洋鬼子把共产党看成眼中钉，军阀骂共产党是乱党，但是共产党为我们工人群众办事情就是好。即使要砍我的脑袋，我也要参加共产党。"杨鸣皋、徐敏畅也跟着表明了态度："跟共产党走，多替大家办点事，做人也做得有意思!"

1925年秋，在张佐臣和他们谈话后的一个晚上，杨培生轻手轻脚地穿过祥生船厂的竹篱笆弄堂，穿过一条长满野草的羊肠小道，来到外滩对面的一个偏僻的林间荒地上。张佐臣早已坐在那里等候了。张佐臣在树上挂了一面鲜红的党旗。杨培生全身的血液顿时沸腾起来，一颗心激动得几乎要跳出胸膛。月光透过树叶，洒在党旗上，泛出明亮的红光，党旗映红了他的脸，照亮了他的眼睛。这时，张佐臣站在前面，严肃地说了声"宣誓"，他霍的一下举起了右手。

"……不屈不挠为共产主义事业奋斗到底!"张佐臣讲一句，

杨培生跟着讲一句。此时的杨培生，充满着蓬勃的革命热情，革命斗志昂扬。入党后，杨培生开始了新的战斗生活。张佐臣鼓舞新入党的杨培生："你已是党的新鲜血液，是工人阶级的骨干。共产党员是钢铁铸成的，在任何情况下要不怕牺牲，要站在斗争的最前线，要遵守党的纪律，全心全意为劳动人民办好事情，为共产主义事业贡献出一切力量！"

听了张佐臣的话，杨培生激动不已，思绪万千，千言万语汇成一句："我永远听党的话，走共产主义道路，为共产主义事业奋斗到底！"入党仪式虽简朴，但不失庄严，杨培生真挚的一席话，表明了一个老工人要把力量和生命全部贡献给工人阶级解放事业的决心。

在张佐臣介绍杨培生加入中国共产党后不久，徐敏畅、杨鸣皋等 10 多人也被吸收入党。

浦东平民学校

一天晚上，杨培生向张佐臣汇报工作，谈起了五卅运动初期，厂房的墙上、马路旁的灯柱子上，贴满了布告和红绿标语。大群的工人围在一起看着，但他们多数人不识字，只能听识字的人讲解。遇到没有人讲解，他们就把拿到的小条子和传单带回去，请私塾的老先生念。同时有些工人的脑子里一直没有消除根深蒂固的封建迷信思想。

张佐臣听后表示："党组织早已考虑过了，决定开办一个工人补习夜校，通过教书宣传，擦亮工人的眼睛，向工人传播革命知识，培养革命的骨干力量。"

1925年8月20日，上海纱厂总工会成立，张佐臣被推选为主要负责人之一。他同时担任中共上海（江浙）区委候补委员，分管群众工作。为了让更多工人群众得到接受教育的机会，张佐臣加紧开办浦东平民学校。

1925年秋，张佐臣在浦东陆家宅（烂泥渡）开办了一所平民学校，张佐臣任校长和教师，工会出钱买了一批课桌、凳子，位子不够，工人自己带凳子来。平民学校采用讲故事等群众喜闻乐见的形式进行教学，吸引了许多工人来校学习。祥生船厂、日华纱厂、英美烟厂的工人听说上海总工会在浦东办学校，想到能读

上海纱厂总工会成立代表大会

书，而且报名手续简便，免收学费（只收2角钱灯油钱），便一窝蜂地涌进工会，争先恐后地抢着报名入学。学校的房子是租来的，只有二楼两间和底楼一间房间，容纳不了成千上百的工人。学校教师自愿多辛苦点，增加了日班，好让更多工人接受党的教育。

一个秋夜，学校正式开学。连学校大门都没跨进过的贫苦工人，第一次挟着工会发的书本，心情愉快地走向自己的工人学校。在学校门口，工人们被贴在墙上的几幅漫画迷住了。

大家挤在门口，看得出神，没有一个人走进教室。校长兼任教师的张佐臣和教师杨之华走出来，问道："这幅画可有意思？"

"有意思，画得像极了。洋鬼子仗着洋枪洋炮，将大轮船开到上海滩，吸干了中国人的血汗。画虽然不开口，可是比说话清楚呀！"铆工学徒朱云生踮起脚尖，扬扬手回答。

"对极了，画里有话，简直说出了我们工人的心里话。"大伙跟着应道。

"你们知道洋鬼子是怎样进上海的？"张佐臣又问了一句。

大家一下被问住了。有的低声问老年工人，有的说："听是听老祖辈说过，年代太久，记不清楚啦。"

"大家进来吧，我们会从头到尾讲清楚的。"杨之华朝工人们招招手。接着，大家纷纷走进教室，一排排端坐。

在学员翻开书本之前，张佐臣在黑板上写了一行大字：

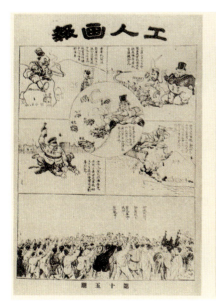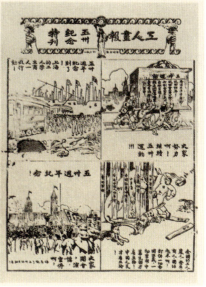

1926年上海总工会的《工人画报》上刊登的揭露帝国主义与军阀的漫画

"一八四〇年鸦片战争。"他又用洪亮的声音说："八十五年前，英国派兵攻打广州，挑起了鸦片战争。清朝政府被打败了，签订了不平等的《南京条约》。从那时候起，上海被辟为通商口岸，大批外国兵舰、装鸦片烟的船、运中国私茶的船都开来了。从此黄浦江两岸成为洋鬼子的世界，中国的地皮被强夺过去当租界，中国人的颈项上被套上了铁链条，给洋鬼子当牛做马……大家想想，中国人为什么饿得面黄肌瘦？洋鬼子为什么可以在中国的土地上作威作福？是中国人命苦，外国人本事好吗？不！这是骗人的鬼话！谁要是不站起来打倒洋鬼子，别说自己受苦受难，连子子孙孙都翻不了身……"

这些话像黑夜的明灯，照亮了大家的心。大家你拍拍我，我碰碰你，小声地说："洋鬼子好比一条毒蛇，被它咬住了，有命也不长。"

"不能躺在地上任蛇咬，拿起大刀斩死它嘛！"

教室里一片喧腾。张佐臣一摆手，大家又静下来。开始上课了。第一课是：

> 你是工人，
>
> 我是工人，
>
> 天下工人都是自己人。

张佐臣教会工人识字后，合上书本，向大家谈革命道理。他说："世界上什么人最能干最有用？是劳动人民！"

朱云生等不及张佐臣往下讲，突然站起来说："就是我们这些挥榔头使锉刀的老粗吗？"

"对！没有工人，机器不会从天上掉下来，东西不会从地里冒出来。"张佐臣说到这里，另外一个工人风趣地插了一句："资本家即使会变戏法也变不出来啊。"

张佐臣继续说："我们工人都靠劳动吃饭，谁都不想压榨谁，没啥利害冲突，应该你拉我，我帮你，大家团结一致，反对帝国主义和军阀的压迫。"他怕自己讲得还不够透彻，特地举了一个例子说："我们这次大罢工，反对英国、日本帝国主义，就得到全世界工人的帮助，连英国、日本的工人也支持我们的斗争，这就是天下工人都是自己人的道理。"他想起了什么，指了指正听得津津有味的工人徐敏畅（被大家亲切地称为"小牛皋"），又点了点另外一个工人："你是宁波人，他是上海人，只要是工人，决不能分帮派，要做到千条绳搓成一条绳，千股劲拧成一股劲。我们要团结得紧，更要有工会的好领导（那时党是通过工会领导工人的），靠参加什么帮，结拜什么弟兄来与帝国主义斗争，吃亏多胜利少。"

这句话说到了徐敏畅的心里，他的喉咙痒得止不住了，站起来说："张老师说得千真万确，在我们祥生船厂就有这种事。"

这天晚上，张佐臣足足讲了两个小时，9点钟敲过，该下课了。可是大家的腿好像被铁石吸住似的，谁都不肯走。杨之华走来跟大家说："我们来唱个歌好不好？"

"好！"工人们哗哗地鼓起掌来。

杨之华放开嗓子，领着大家唱了一首《五卅小调》：

五色国旗当中飘，五月三十起风潮，

打死了许多同胞，哎呀！哎呀！

同胞们大家醒呀！

帝国主义要打倒，不平等条约要取消，

齐心一致来斗争，哎呀！哎呀！

同胞们向前冲呀！

大家唱了几遍，歌词唱得滚瓜烂熟，才高高兴兴地散了，各自回家。

张佐臣、杨之华和工人们亲密地打成了一片，平民学校的老师们鼓励工人们积极参加大罢工中的各项活动，并且亲自带领学生到浦东郊区，向农民兄弟宣传反对帝国主义和抵制英国货、日本货。

张佐臣创办的工人补习学校，是一座共产主义学校，将解放全人类的伟大思想灌输给先进的工人阶级。在学校里，在党的培养教育下，工人们都提高了阶级觉悟，大多数人成为上海工人三次武装起义的开路先锋。后来祥生船厂的共产党员增加到四五十人，还吸收了朱云生等 40 多个小伙子参加了共产主义青年团。

党是战斗的堡垒！党的队伍成长壮大了，就能掀起新的斗争风暴。

平民学校的老师采用讲故事、组织文化娱乐活动等形式进行教学，对工人有很大的吸引力。原来一放工就在茶馆里听说书消磨时光的工人，他们中有很多人成了平民学校的学员，许多学员经过学校的教育，识了字，提高了觉悟，逐渐成为工会的活跃分子，有的入团入党，勇敢地投入大革命的洪流。据 1925 年 11 月 4 日中共浦东部委向中共上海区委的报告，整个浦东地区的中共党员从五卅前的 4 名增至 120 名。祥生铁厂的党员已达 14 名。在浦东部委所辖 8 个支部中，祥生支部的工作做得最好。

志同道合的革命伴侣

在工作中，张佐臣认识了 17 岁就进入大康纱厂的一位女工、共产党员周月林，她也曾在工人进德会学习，并于 1925 年由蔡之华介绍入党。共同的追求，纯洁的友谊，很快在他俩之间架起了爱情的桥梁。不久，两人结婚，在大康纱厂附近居住。

1926 年 5 月 1 日，第三次全国劳动大会在广州举行。张佐臣带领王亚璋、周月林、陈定观、陆小妹、朱英如等 30 位上海工人代表出席这次大会，张佐臣再次当选为中华全国总工会执行委员。大会号召全国工农群众积极支持国民革命军北伐。6 月，张佐臣任中共上海区委委员。

7 月，在上海总工会第三次代表大会上，张佐臣当选为第三

1931年11月7日，中华苏维埃工农兵第一次全国代表大会（一苏大会）开幕时的合影，后排左三为周月林

届执行委员会常务委员。繁忙的革命工作常常使他们夫妻各奔东西，聚少离多。后来，周月林受组织派遣，到法租界何松林（汪寿华化名）住处负责保管党和工会的文件以及准备起义用的武器。这样，张佐臣夫妻相聚的时间更少了。

1926年秋，张佐臣还先后在上海总工会第四办事处、中共浦东部委、中共南市部委任职及担任常驻小沙渡、曹家渡的上海总工会代表，被工人群众亲切地称为"张大哥"。

正当张佐臣准备与周月林、徐大妹等一起赴苏联学习时，中共上海区委决定加强力量，派遣党的骨干前往无锡，加紧发展那里党的工作，要求在最短时间内成立地委。就这样，张佐臣接受党组织派遣，前往无锡，任中共无锡独立支部书记。

他和周月林，一个远赴苏联，一个前往无锡，从此天各一方。一别竟成永诀！周月林完全没有想到，此时一别，不管她之后的人生多么坎坷激荡、曲折离奇，竟再也没有了见张佐臣的机会，而此时，周月林已经怀有6个月的身孕。

1927年1月13日清晨6时，周月林在苏联生下了她和张佐臣的女儿。后来，梁柏台（1931年和周月林一同回国后任中华苏维埃共和国中央政府领导人，人民政权第一位司法部长、检察长，第一部红色宪法起草人，被誉为人民法制和人民司法的开拓者）和周月林在苏联结为革命伴侣（他们还育有一个儿子），梁柏台对这位烈士的遗孤，胜似亲生。他在1930年8月寄给家里一张女儿的照片，在背面写着：这是我的女儿忆霞。

而梁柏台1930年从苏联寄给家里的信中写道：这是我的女儿忆霞，在一九二八年一月十三日周岁时拍摄于伯力城。现在她已有三岁多了，每天从早晨八时到下午三时在幼稚园受教育，说得一口纯粹的俄语，但中国话却懂得不多。

梁柏台给女儿起了个俄文名字：伊斯克拉，即"火星"，取"星火燎原"之意，期盼女儿做"革命火种"，中文名叫忆霞。

梁柏台是很爱孩子们的。周月林曾说："他比我还爱孩子，平时家里的事情都是他管的，虽然孩子有保姆，可都是他在操心，只要有空在家，他都要自己喂他们吃，逗他们玩。晚上睡了也要起来看看孩子，睡得怎么样，被子有没有盖好。"

1930 年 8 月，周月林要到莫斯科中国共产主义劳动者大学读书，孩子需要人照顾，梁柏台于 8 月 15 日写信给母亲。信中写道：不久前我曾给了你和小芬（梁小芬，梁柏台的大姐）一封挂号信，随后附上了女儿和儿子的旧相片各一张，未知可有收到？我本预备帮小孩们照一张新的相片，因为小孩这一期来不是很好，所以没有去照。再过几日一定要去照的。我想你接到他们的相片一定是快乐的。

几天以后，8 月 27 日，梁柏台寄给母亲一张女儿忆霞和儿子

张佐臣女儿忆霞

1930年梁柏台写给母亲的信

周月林和儿子伟烈

伟烈的合照，在照片背后有这样一段文字：

> 孙女儿忆霞随母赴莫斯科，孙儿子伟烈留在海参崴，姊弟二人别离的前三天摄于海参崴以作纪念，特此谨赠母亲惠存。
>
> 儿　柏台谨赠
>
> 一九三〇年八月二十七日

这张照片寄回家后，梁柏台母亲和大姐梁小芬真是喜出望外，母亲天天拿出照片来，看孙子孙女，想儿子柏台。

到了第二年，1931年4月21日，母亲又收到梁柏台的一封信。信中写道：在三月间我已来莫斯科，并将儿子也带到莫斯科

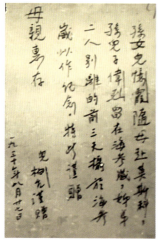

周月林第二任丈夫梁柏台（1935年在红军长征战斗中壮烈牺牲，年仅36岁）寄给母亲的信。信中已然把张佐臣女儿（右）当作亲生女儿看待

来了，放在幼稚园里养他，每月拿出七十元给幼稚园作为抚养费。我妻要学习，我自己的事情又很多，没有工夫可以顾到儿子，没有法子只好送到幼稚园去养。但是你们要知道，幼稚园养小孩的方法，比我们自己都养得好，饮食起居，都有一定的时候，且有一定分量。养育小孩的是有知识的人。有便人回国时，或者小芬来拿（带），都随时可以拿（带）回来得。……不久以后，将小孙子和孙女的相片给你一张。

1931年5月，梁柏台和周月林一起踏上了回国的路程，为了全心投入新的革命事业，行前他们将女儿忆霞和儿子玛依（后改名为伟烈）送到莫斯科南郊的瓦斯基诺国际儿童院（1933年5月，伊万诺沃斯塔索娃国际儿童院竣工，瓦斯基诺国际儿童院的

1937年国际儿童院高年级女生合影。前排左一为张佐臣女儿忆霞

孩子全部迁移至此。1937 年，国际革命战士救济会又在莫斯科市郊莫尼诺建立国际儿童院，专门接收中国孩子。1941 年，莫尼诺国际儿童院关闭，孩子们又重返伊万诺沃国际儿童院）。从那以后，周月林就再也没有见到过自己的骨肉。

梁柏台的大姐曾试图寻找这两个孩子的下落，并到中央组织部了解情况，组织部回复，需要到中国大使馆（驻苏大使馆）了解。后来，大使馆回信道："现在查不着，查着了再回信。"直到 1981 年，仍没有任何音讯。这是目前能得到的张佐臣女儿忆霞的最后信息。

三 深入无锡开展工人运动

点燃工人队伍这堆"干柴"

轰轰烈烈的上海工人运动，在全国产生了巨大的影响。特别是在靠近上海的江浙一带影响尤深。地处上海西北方向的无锡，纱厂工人已形成一支很强的力量，工人斗争也时有发生。1926年，正当北伐战争胜利发展、革命形势高涨之时，中共上海区委详细分析了无锡的社会状况，认为无锡地处沪宁线中段，工厂林立，商业繁荣，中共无锡支部早在1924年就建立了，工农运动已有一定基础，但仍需加强党对工农运动的领导，发展革命形势。上海区委决定委派张佐臣前往无锡，领导革命斗争。

1926年9月，张佐臣身着长衫，扮成知识分子模样，离开上海，来到无锡南市桥巷，与无锡党组织接上关系。当时无锡已有10万产业工人，在部分厂中已建有党小组、党支部。张佐臣决定先深入到纱厂中去，从开展工人运动着手，发展党的力量。于是，张佐臣脱掉长衫，换上工装，通过无锡茂新面粉厂支部书记秦起的关系，进了无锡申新纱厂当了一名机匠。进厂后，张佐臣以自己在大康纱厂掌握的技术很快站稳了脚跟，并利用机匠工作之便，在纱厂中广泛接触群众，宣传革命。

无锡纺织业发达，纺织工人队伍强大，受苦受难的工人群众像一堆干柴，只要有火种去点燃，就能烧起反抗剥削压迫的熊熊烈火。张佐臣经常深入申新、广丰等厂，接触工人，开展宣传教育工作，把革命真理灌输到群众中去。他将从上海带来的一些革命书籍，分送给工人阅读。同时，他经常在工棚里召开秘密会议，从工人们天天经历的事件入手，讲解革命道理，启发他们的阶级觉悟。一次，在申新三厂召开座谈会时，他对工人们说："你们一天做 16 小时的工，连牛马都不如，牛马还有得休息。为什么你们的生活这样苦呢？这不是命运，而是资本家的压迫。因此，我们工人应该联合起来，跟资本家斗争。"他还向工人们介绍上海工人阶级斗争的英勇事迹和经验。工人们听后，很受启

刘群先和博古在苏联的结婚照

发，纷纷摩拳擦掌说："上海工人能做到的，我们无锡工人也能做到！"张佐臣的启蒙、教育，点亮了工人们心中的一盏盏灯，使他们从牛马不如的生活中悟出了革命道理，只有积极投身于革命斗争，才能摆脱资本家的压迫，改变贫困的生活。

1926年冬，党组织决定在城区、工厂、街道张贴标语传单，扩大政治影响，扰乱敌人。张佐臣把写好的标语，交给申新三厂的工人在深夜去张贴。工人们接到任务后，冒着严寒，分头行动，从工厂区、新县前衙门的照墙上，一路贴到西门伪警察分局。标语贴得敌人心惊胆战，人民很受鼓舞。工人们通过亲身参加革命活动，得到了锻炼。经过一段时间的培养、考察后，党组织在工人队伍中吸收了一批在斗争中涌现出来的优秀分子入党，增强了党的力量。如著名的工人运动领导者秦邦宪（博古）的妻子刘群先，就是在这时加入中国共产党的。对此，刘群先曾有一段回忆道："当我在那里（纱厂）做了六个月以后，我遇到了一个共产党员，他是上海的机器修理匠（张佐臣）。当时，我们厂里没有党组织，此后，我继续跟这个从上海来的共产党员接触。他对我非常好，我不懂得共产主义的真实意义，但我喜欢共产党员的行为。他拿书给我看，对我说，这些是很好的书，你无论在什么地方都买不到，因此你要绝对保密……"

由于张佐臣卓有成效的工作，无锡党组织像滚雪球似的有了很大发展。1926年4月，中共无锡独立支部仅有党员15人，但到10月，已建立了5个党支部，其中2个工人支部，2个农民支部，1个小学支部，共有党员50余人。

欢迎北伐军，为大革命造声势

1926年10月，北伐军节节获胜，逐渐接近江南一带。中共上海区委要求各级党组织积极行动起来，准备迎接北伐军。10月17日，中共上海区委召开了外埠负责同志会议，张佐臣作为无锡独立支部书记参加了会议。会后，根据会议要求"发展党的力量，务必使同志都明确我们要抓住群众的思想"。

张佐臣随即离开纱厂，党组织安排他在严朴创办的"江苏中学"任教，以教员的公开职业为掩护，秘密进行革命活动。在该校的教职员履历表上，公布了他的学历，学位写的是美国某大学的博士。他和严朴夜以继日，经常在学校内研究工作，接待城乡同志，召开重要会议，使学校成为当时党举行秘密联络活动的重要地点。张佐臣在联络、发展党团员，团结工农群众，积聚革命力量等方面做了许多艰苦的工作。不久，中共无锡县委正式成立，张佐臣任县委书记。

张佐臣以教师身份作掩护，开展以无锡为中心向四周推进的工农运动。在他的领导下，无锡地区党的力量得到迅速发展，

江苏中学（无锡城区南上塘 13 号）旧址

无锡县总工会（三皇街药王庙）旧址

党支部从原来的 5 个发展到 10 个，党员从原来的 50 人发展到 147 人。

1926 年 11 月，无锡职工运动委员会在张中元家中宣布成立，张佐臣任职工运动委员会主要负责人。

1927 年 1 月 4 日，在各业工会成立的基础上，无锡县总工会在西门棚下街后的马甲弄 1 号内秘密成立，张佐臣出任总工会秘书长。

为响应北伐，做好思想上、组织上的准备，中共无锡县委在惠山宝善桥蔡家祠堂召开了由申新、振新、广勤、业勤、广丰、豫康等 6 家纱厂工人代表参加的大会。会上，张佐臣作了充满激情的报告。他讲述了当时令人鼓舞的政治形势，号召工人们要团结起来，不失时机地声援北伐；庄严宣布工人要成立自己的组织——工会；要公开活动，理直气壮地同资本家作斗争。报告结束后，他亲切地回答了工人们提出的问题。工人们被他富有感染力的言语和浅显明了的道理所吸引，觉得他把话说到了自己的心里，更加钦佩他的才能，信任他的领导。在北伐军进驻无锡前夕，张佐臣发动工人去破坏沪宁线上的铁轨，共破坏铁路三处，并在周泾巷附近倾覆了一辆军用列车，阻止了孙传芳军阀的溃逃，有力地支援了北伐。

2 月 11 日至 15 日，中共上海区委召开第一次全区党员代表

中共无锡地方委员
会机关（沈果巷
17号）旧址

中共江浙区委 2 月 16 日第一次会议记录

大会，张佐臣担任 5 人主席团成员之一，兼任政治问题委员会委员、工人问题委员会委员、提案审查委员会委员，并当选为中共上海区委委员。

2 月 16 日，中共上海区委决定成立中共无锡地委，将无锡、江阴、常州、武进、苏州的党组织划为无锡地委领导，张佐臣任地委书记，领导上述地区党的工作和工农运动。不久，北伐军逼近无锡，为了迎接北伐军，张佐臣在惠山宝善桥蔡家祠堂召开了申新纱厂等厂工人代表大会，组织了工人自己的武装——工人纠察队。

3 月 16 日，为阻止被北伐军击溃的军阀部队逃跑，张佐臣带领成立不久的工人纠察队，在一夜之间就把离固控巷站三华里内的铁路枕木上的铁钉全部起掉，破坏了路轨，有力地支持了北伐军。

3 月 21 日，北伐军抵达无锡，张佐臣组织工农群众前往县桥去迎接，同时还动员全县工人实行总同盟罢工，组织工人纠察队维护社会秩序，以欢迎北伐。当天，无锡总工会公开成立，在崇安寺大雄宝殿正式对外办公。为便于领导活动，张佐臣化名张鹏、张人杰，担任总工会秘书。他利用这公开的职务，更加频繁地为革命奔走。

为给大革命造声势，中共无锡县委分别在 3 月 22 日和 4 月

無錫總工會告全體工友書

親愛的工友們：

我們受著軍閥殘酷的壓迫，資本家無人道的剝削，過著牛馬的黑暗生活，一直到今了。現在扶助工農革命的北伐軍已經達到無錫，我們的痛苦當圖謀趕快自己起來設法解除。

無錫地工會歉⚪為要解的⚪我們痛苦面臨結的，他的意志完全是我們謀利益，為我們求自由解放！他曾經在兇⚪的軍閥鐵蹄之下，最密的組織起來，領導我們向惡勢力奮鬥！他是我們無⚪為領導⚪！我們只有在他⚪領道之下，能夠達到我們的解放！

現在有許多資本家和走狗工賊說：我們已經有了總工會，趕緊着扶助工農的北伐軍到來，他們趕馬上振作了一⚪黃色資本家的無錫工⚪，什麼會⚪忠被毁我們的組紡力，好使我們永遠做他的奴隸，受他們的壓迫。

親愛的工友們，我們工友們的勢力要集中，組織要統一，方在可以解除我們的痛苦，頭無錫的工友們趕快團結在無⚪總工會旗幟之下！

拒絕⚪本家組織⚪工會！
打倒⚪本家的走狗工賊！
無⚪的工友們團結在無⚪總工會旗幟之下！
工友們團結萬歲！
工友們解放萬歲！

無錫總工會

（三月廿二日）

为配合北伐军进驻无锡，1927 年 3 月 22 日，无锡县总工会
发布《告全体工友书》

4 日，在火车站旷地上召开有十万群众参加的"军民联欢会和反英讨奉暨追悼北伐军阵亡将士大会"。张佐臣与匡亚明等党团地、县委书记亲临会场指导。隆重的会场，竖起高高的彩牌。"欢迎北伐军"的横幅，在阳光下飘动，吸引了无数兴奋的目光。整个会场群情昂扬，口号声此起彼伏，显示了工农群众的强大力量。张佐臣站在会场中央高高的彩牌楼下，激动地擦着汗水，眼里闪烁着喜悦的神情，对挤到他身边采访的新闻记者，用混杂着宁波腔的上海音说："这次大会，是欢迎北伐军的大集会，是工农力量的大示威。你们记者要如实报道。"

无锡工运风起云涌

此后，无锡的工人运动在总工会的领导下，风起云涌。3 月 21 日至 4 月 14 日总工会公开办公的 25 天内，就爆发了 4 次较大规模的以工人阶级为主体的群众革命运动，改善了工人的工作和生活条件，无锡的工人群众在党的领导下开始登上历史舞台，并发挥了工人阶级的领导作用。

3 月 23 日下午，在无锡总工会办事处召开了一百余人参加的工人代表大会。张佐臣总结了总同盟罢工的情况，并根据各工会的组织状况和厂房的态度，结合工人提出的要求作出了"工人服从总工会的命令""停工损失须厂方负责"等决议。3 月 30 日下午，张佐臣和无锡总工会委员长秦起在无锡总工会主持召开了德兴、五丰丝厂女工和其他一些工人代表参加的会议，要求厂方就改善工人待遇问题进行磋商，提出十余条意见，由总工会负责发函，要求厂方照办。同时，他还亲自调解、处理了丽新纱厂、人力车夫行业的劳资纠纷，帮助工人解决了困难，使工人群众真正体会到总工会是为自己说话、办事的组织。不少工厂的工人积极要求加入工会。总工会的队伍不断扩大，威信日益提高，成为当时无锡工人运动的指挥和活动中心。

1927 年 3 月 21 日，北伐军进驻无锡前，无锡县总工会在崇安寺大雄宝殿公开办公

在中共无锡县委的领导下，无锡县农民协会也组织全县农民开展了反对土豪劣绅、反对大斗大解的斗争。

正当工人运动蓬勃发展、革命浪潮滚滚向前之际，大革命形势骤然变化。隐藏在革命阵营内的蒋介石于4月12日在上海发动了反革命政变，大批屠杀共产党人，疯狂镇压革命运动。1927年4月12日凌晨，停泊在上海高昌庙的军舰上空升起了信号，早就做好准备的大批青红帮武装流氓、特务从租界冲出，向分驻上海总工会和各区的工人纠察队（1925年，根据中共上海区委要

四一二反革命政变

求，上海总工会组织建立工人武装纠察队。内设总指挥部，下设区队、大队、中队和小队，2000余人。主要任务是保护工会，维持社会秩序，防止反动派扰乱）发动突然袭击。当工人群众奋起抵抗时，国民党第26军周凤岐部随即借口"工人内讧"，强行将工人纠察队缴械，解除了上海2700余名工人纠察队员的全部武装。纠察队仓促应变，死伤300余人。驻在上海的帝国主义军队也纷纷出动，帮助蒋介石屠杀革命群众。4月13日，上海工人举行总罢工，10万余工人、学生和市民集会抗议。会后，到宝山路周凤岐部请愿，提出"发还工人纠察队枪械、释放被捕工人、严惩祸首、肃清流氓"等要求。当请愿队伍行至闸北宝山路时，突然遭到蒋介石军队的武装袭击，100多人牺牲，伤者不计其数。接着，蒋介石下令解散上海总工会，查封革命组织，捕杀共产党员和革命者。在其后的两周内，超过5000人被枪杀或失踪。张佐臣听取了目睹现场情况的无锡总工会赴沪代表回锡后的汇报，心情沉重，觉察到革命将遭受挫折，但他丝毫没有动摇革命信念，坚定地对工人们讲："无锡也要变了，这是蒋介石叛变革命的阴谋，我们要挺起胸来，做好迎接最艰巨斗争的准备。"同时，他还抓紧时间找申新等厂的工人谈话，要求他们搞好团结，注意隐蔽革命力量。

张佐臣两次召集党团骨干会议、地委会议，研究无锡的政局和准备应变的措施，张佐臣对与会同志说："我们要挺起胸来，做好迎接艰苦斗争的准备，并抓紧时间，组织隐蔽。"然而，无锡的国民党反动势力抢先下手了。4月13日，他们公开登报写道："兹将本邑著名共产党通缉。各人并悬赏价开列于后，获唐瑞麟赏洋200圆；张鹏赏洋200圆；秦起赏洋100圆……"4月14日深夜，地委机关正在沈荣巷口号开会时，传来总工会被袭击，委员长秦起牺牲，并被剁尸五段的消息。第二天，无锡即开始"清党"，顿时白色恐怖笼罩无锡城，革命陷入低潮。在这危急关头，张佐臣不顾自身的安危，一面组织幸存的同志及时疏散、撤退；一面转道回上海，请示应变措施。无论是被通缉，还是最敬重的战友被捕后遭杀害，这些都没有动摇张佐臣作为一个共产党人的信念。

4月13日，张佐臣立即赶赴上海向上级党组织请示应变措施。当时的上海，正处于血雨腥风的白色恐怖之中，党组织决定留张佐臣在沪，继任上海总工会委员长汪寿华的工作。张佐臣在极端险恶的环境中，挑起革命的重担，坚持领导工人群众开展艰苦卓绝的斗争。

ZHANG ZUOCHEN

临危受命『战』上海

力克恐怖稳人心

此时，上海正处在国民党反动派血雨腥风的白色恐怖之下，革命者的鲜血染红了黄浦江。早先曾与张佐臣一起工作的同志，牺牲的牺牲，隐蔽的隐蔽。四一二反革命政变前夜惨遭杀害的上海总工会委员长汪寿华，原名何纪元，1901年生于浙江诸暨。1920年，汪寿华在上海加入社会主义青年团，1921年4月赴苏联学习，1923年加入中国共产党。1925年，汪寿华奉召回国，担任上海总工会宣传科主任，协助李立三、刘华、刘少奇领导工人运动。在李立三、刘少奇被迫离沪，刘华牺牲后，他自告奋勇挑起了上海总工会代理委员长的重任。

汪寿华

1927 年 3 月 20 日，中共中央和中共江浙区委（中共上海区委）决定举行上海工人第三次武装起义，成立了由陈独秀、周恩来、罗亦农、汪寿华等组成的"特别委员会"，全面领导和指挥起义。3 月 21 日中午 12 时，上海总工会代理委员长汪寿华在狄思威路麦加里（今溧阳路 965 弄 21 号）上海总工会秘密办公处下达总罢工命令。1 小时后，罢工立即转为武装起义，上海 7 个区的工人纠察队同时向敌人发动攻击。汪寿华和周恩来、罗亦农、赵世炎等夜以继日地指挥战斗，赢得了上海工人第三次武装起义的胜利。随后，汪寿华当选为临时市政府委员，并在全市工人代表大会上当选为上海总工会委员长，在工人中享有很高的威望。上海工人运动取得了更加迅速的发展，至 3 月底，加入总工会的工会达到 502 个，会员发展到 82 万人。

在起义胜利的日子里，群众的革命热情十分高涨，汪寿华的工作也更加紧张和繁忙。他一方面下令工人纠察队协助北伐军维持地方治安，另一方面通告全市工人于 24 日一律复工。

正当上海人民欢欣鼓舞时，隐藏在革命阵营里的蒋介石和帝国主义、大资产阶级代表互相勾结，策划着反革命政变。蒋介石一面以总司令部的名义发布文告，限制工会和工人纠察队的活动；另一面又给工人纠察队送去他亲自题写的"共同奋斗"的锦旗，麻痹工人的警惕性。

3月27日，汪寿华不顾个人安危，毅然面见蒋介石。在第二天的上海区委主席团会议上，汪寿华汇报了会见蒋介石的情况："昨见老蒋，先加慰劳，他并无赞扬上海工人。""蒋介石提出外交方面要工会方面听军事当局指挥，我没有答复。"

4月3日，汪寿华以上海总工会的名义，在上海各报刊登紧急启事，提醒工人和市民警惕流氓的阴谋，并通知全体工人和纠察队员要严守纪律，免为敌人寻衅提供口实；4月4日，他又召开上海总工会第二次执委会，做出"如发生解除工人武装的事情，则决定发动全市工人总罢工"的决议；4月5日，汪寿华发表敬告上海市民书，揭露反动派造谣中伤、挑拨捣乱的阴谋，希望市民协助制止；4月7日，汪寿华又召开工会代表大会，通过决议指出，倘有破坏或不利于纠察队的行动，全市工人决以全力制止；同日，他领导下的上海总工会还在上海各报刊登启事和发出《告工友书》，声明对收回租界和维持治安两个问题将和各界一致行动，决不会单独行动，揭穿反动派对纠察队所捏造的谣言。

蒋介石见软的不行，就来硬的，与大流氓杜月笙密谋除掉汪寿华。1927年4月11日，杜月笙邀汪寿华晚上赴宴，汪寿华立即向组织作了汇报。有人劝他不要去，说杜月笙这伙流氓反复无常，他们是什么事都干得出来的；也有人认为可以去，去了可以摸清敌人的底细，但要注意安全。汪寿华泰然表示："我过去常和青红帮流氓打交道，不去反叫人耻笑，为了党和工人阶级的利益，我宁愿牺牲一切。"为安全起见，组织上决定由李泊之陪同前往。但就在两人即将到达杜宅时，汪寿华要李泊之在华格臬路（今宁海西路）杜月笙住处附近等他，如果两小时他还不出来，即有意外，要李立即报告组织。

当晚8点左右，汪寿华大踏步进入杜宅铁门，霎时间杜宅门灯关闭。当他进入中门时，那里早已埋伏着杜宅的"四大金刚"——顾嘉棠、芮庆荣、叶焯山、高鑫宝。当汪寿华一脚踏过门槛时，匿身在其左的叶焯山，用尽全身之力，猛地向汪寿华左胸一撞。接着顾嘉棠应声闪出，一把抓牢汪寿华的胳臂，在前的芮庆荣猛伸出手，捂住汪寿华的口与鼻……他们把汪寿华装入早已预备好的麻袋里，装上汽车后，开到枫林桥郊外，趁四周无人，挖掘土坑。这时只听到麻袋里发出"嗯——"的一声，他们得知汪寿华没有死，但此时已顾不得汪寿华的死活，只求快点把坑掘好，他们把坑挖到齐腰深，把麻袋抛入坑内，把泥土埋平。汪寿华就这样被活埋在枫林桥，牺牲时年仅26岁。

第二天凌晨，蒋介石发动了震惊中外的四一二反革命政变。上海总工会党团要张佐臣留下领导上海总工会的工作，任上海总工会副委员长。

张佐臣奉命留下后，立即以大无畏的革命精神投入工作。他不断召集各方面的工会干部碰头，鼓励大家坚强起来，在这形势逆转关头，千万要镇静，不要被反动派的屠杀吓倒。告诉大家组织还在，斗争还在继续，一定要坚定信仰。

最年轻的首届中央监察委委员

1927 年 4 月 22 日，中共中央机关的一批工作人员和上海总工会干部，化妆成各行各业人员，夹杂在人群中，登上了上海驶往汉口的轮船，张佐臣、杨培生等人奉命从上海乘船去武汉参加中国共产党第五次全国代表大会。四一二反革命政变发生后，蒋介石大肆屠杀共产党人和革命群众，大革命遭到了局部的严重失败。此后，全国形成了三个政权，即原来的北洋军阀政府，上海、南京的蒋介石反革命政权和武汉国民政府。面对错综复杂的矛盾和尖锐激烈的斗争，需要中国共产党对形势有清醒的认识并采取果断行动，才能挽救革命。党的五大就是在这种非常状态下召开的。全体党员期望这次大会能正确判断当前局势，回答大家最为关注的如何从危急中挽救革命的问题。大会的主要任务是根据共产国际执委会第七次扩大会议关于中国问题的决议案精神，总结过去的工作，讨论革命的发展前途。

船抵武汉后，张佐臣等代表受到了湖北省总工会及湖北国民

中共五大开幕地点——武昌高等师范第一附属小学

中共五大开幕式现场

党省党部、省农民协会、妇联、学联等团体的欢迎。湖北的同志在血花世界举行了隆重的欢迎仪式。浓厚的革命气氛，深切的同志之情，使刚离开白色恐怖的张佐臣激动得不能自已。

1927年4月27日，中共第五次全国代表大会在位于武汉市武昌都府堤20号的国立武昌师范附属小学（今中华路小学潭秋校区）开幕。这里也是湖北早期党组织的创建人、中共武汉地委领导人陈潭秋以教书作掩护从事革命活动的地方。会场安排在学校风雨操场的底楼，是下雨时学生上体育课的场所，会场挂有马克思、列宁、孙中山的画像，以及国共两党党旗。两张课桌拼成讲台，主席团设在讲台下面两边。摆放的木条凳供大会代表就座，后面是列席者和筹备会议工作人员的座位。主席台上方悬挂横幅"中国共产党第五次全国代表大会"，两边墙上贴着两幅标语"争取非资本主义前途""国共合作到底"。风雨操场旁有个小礼堂，是中共五大代表的休息处，同时也作为召开共青团四大的会场。大会期间，门口没有明显的标志，代表们也没有出席证。每次都凭下达的口令出入。开幕这天的口令是"冲锋"。

来自全国的82名正式代表，代表着全国57960多名中共党员出席党的五大。共产国际代表罗易、鲍罗廷、维经斯基等出席了大会。"五大"第一天是开幕式，开幕式由陈独秀主持。他以中共中央总书记的身份宣布："中国共产党第五次全国代表大会现在开

中共五大开幕式会场

黄陂会馆

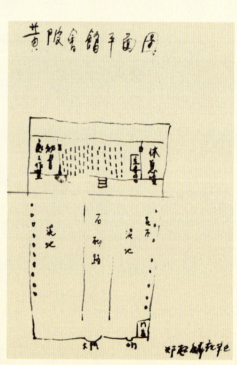

中共五大与会者郑超麟绘制的黄陂会馆平面图

中共五大会场遗址（今市七十五中学校园）

幕!"随后，他代表中共中央致开幕词。接着，共产国际代表罗易、国民党中央代表徐谦以及工会、学生会、青年团、童子军的代表先后致词祝贺大会的召开。会议开始后，在湖北代表罗章龙的提议下，大会通过了15人的大会主席团名单，包括：陈独秀、蔡和森、李立三、李维汉、罗章龙、瞿秋白、张国焘、谭平山等。大会设立了政治委员会，由陈独秀等13人组成，瞿秋白为秘书；土地委员会由谭平山等10人组成，毛泽东为秘书；职工运动委员会由李立三等9人组成，邓中夏为秘书；大会秘书处由蔡和森、张太雷等5人组成，蔡和森为秘书长。

为了防备反动派突然袭击，中共五大是秘密召开的，所有报纸一律保持缄默。开幕式后，代表们就迅速离开了会场，两天后，会议移至位于汉口（今自治街41号，武汉市第七十五中学）的黄陂会馆继续召开。黄陂会馆院落整体呈长方形。会馆中间的大厅是会场，右边房间是秘书处办公的地方，可在里面油印文件。大厅外，一条鹅卵石小路穿过草坪通向大门。大门旁边有警卫间，住着警卫。门外，天天有唐生智军队的士兵在一片空地上操练。这里地处僻静，是一个相对比较安全的开会场所。

会场内的主席台上并排挂着马克思和列宁的画像，旁边墙上张贴着大红标语，内容大致是"工人小资产阶级联盟""争取非资本主义前途"这一类口号，这是以前未曾有过的宣传，把会场气

第一届中央监察委员会成员名单

位于中共五大会址前的首届中央监察委员会委员雕塑（右三为张佐臣）

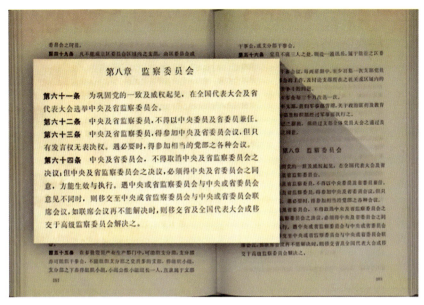

新修订的党章中专门增设了"监察委员会"一章，对中央和省监察委员会产生的方式、职责权限范围以及工作运行机制都作了详细的规定

氛烘托得庄严而又热烈。

　　大会第一次选举产生了中央委员会和中央监察委员会，选出了7名中央监察委委员和3名候补委员，张佐臣当选为7名中央监察委委员之一。除了成立监察委，五大还在党章中规定了监察委员会的地位、职责、运行规则。

　　创立监察委，其根本目的是巩固党的意志和强化党的权威。这说明经过建党以来的实践，中国共产党已认识到，要加强自身建设，必须建立独立机构以专司监督执纪之责。监察委员由党的代表大会选举产生，向党的代表大会负责，不以党的其他委员兼任。这种选举而不委派、专任而不兼职的规定，目的正是保障监察委员会的独立性和权威性。

首届中央监察委员会成员的组成中，工人出身并长期从事工人运动的革命领袖占有较大比例。王荷波、张佐臣、杨培生、许白昊等都是工人出身，长期从事工人运动，张佐臣时任上海纱厂总工会委员长、全国总工会执行委员等职。

中国共产党的纪律检查制度发源于中共五大。张佐臣等中央监察委的同志，作为第一批党的纪律检查工作的领导者，以其坚定的无产阶级立场和共产主义信仰，矢志忠诚，为党的事业抛头颅、洒热血，在中国革命史、工人运动史上写下光辉篇章。

不久后，在汉口中央人民俱乐部召开的第四次全国劳动大会上，张佐臣再度当选为中华全国总工会执行委员。

慷慨就义　死如归

ZHANG ZUOCHEN

壮志未酬陷囹圄

1927 年中共五大后，武汉地区的革命形势进一步恶化，反革命活动迅速表面化，在武汉的国民党中央和国民政府迅速走向反动，中共中央指示部分负责干部回到有群众基础的东南各省恢复工作，张佐臣、杨培生等当即秘密赶回上海。

从武汉回到上海后，张佐臣以更大的热情为工人阶级的解放事业呕心沥血，在极端困难的环境里，负责恢复、重建上海总工会，为保存革命骨干、积蓄革命力量作出了贡献。但是，大浪淘沙，泥沙俱下，在严峻的生死考验面前，一部分投机革命的人动摇了，背叛了革命。1927 年 6 月 26 日，由于叛徒出卖，刚成立的中共江苏省委遭破坏，上海总工会机关也被暴露。6 月 29 日，张佐臣、杨培生等工会骨干正在北四川路横浜桥附近上海总工会秘密机关（杨培生夫妇居住地），召开工会组织员会议。杨培生的妻子抱着孩子在弄堂口"望风"。突然，从弄堂口蹿进来几十个便衣特务，手提短枪，包围了会址的前后门，杨妻连报信都来不及，刚喊了一声，熟悉情况的特务在告密者的带领下已抢先进门。

正在开会的工会同志们，忽听有人拍大门上铜环的声音，有同志看到是通信员小王，就把门打开了，门一开，就跟进来 8 个便衣特务，他们一路跟着小王上楼，原来小王就是潜伏在党内的

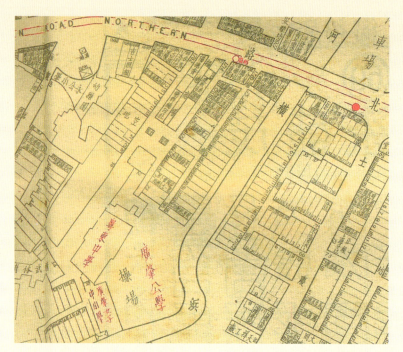

1947 年四川北路横浜桥周边地图

枫林桥监狱（江苏特派交涉使署）旧址

叛徒。同志们正在开会，都很镇定，敌人看一时拿不到证据，就说跟我们到司令部走一趟，就用手铐把同志们都铐上，准备带走。走下楼到客堂，特务要把刚刚开门的同志也抓走，此时，张佐臣挺身而出，说："他是二房东，这房子是我向他租的，有什么事情，一切由我承担。"被称为"二房东"的同志立刻机警地向特务表示："我只知道房子租给人家住，别的无权过问。"特务凶神恶煞地表示："老头子，一星期内你不准离开这地方，要找你，随传随到。"张佐臣他们就这样落入了敌人的手中，一去不复返。

张佐臣、杨培生等人当即被捕，押送至狄思威路（今溧阳路）巡捕房，当晚移押至枫林桥国民党保安司令部。

血染"枫林"亦不屈

尽管张佐臣用了化名，但还是暴露了身份。在审讯期间，张佐臣遭到了敌人的严刑拷打，但他毫不屈服。张佐臣被关押在监狱期间，对同时被捕的另一同志低语说："你是不要紧的，我是危险了，因为那个走狗当堂指认我们几个人是做什么工作的……但革命是会胜利的，你一定要坚持下去。"他还对难友说："如果你们能出去，请带一信给我妻子，她在苏联，叫她不要难受，再嫁一个好人。"

面对威武不屈、视死如归的张佐臣，国民党反动派束手无

枫林桥革命烈士
就义地今貌

策。第三天，即 1927 年 7 月 1 日（农历六月初三）反动派对他
下了毒手。

上海工人的领袖、坚定的共产党人张佐臣与杨培生等四人肩
并肩走向刑场。临刑时，他们神色自若，高唱国际歌，观者无不
为之动容。对此，刽子手惊慌失措，临时又决定改枪杀为砍杀。
滚烫的革命热血喷洒而出，张佐臣牺牲了，年仅 21 岁。

7 月 3 日（农历六月初五），张佐臣的遗体终于被上海总工
会的同志找到了，并定于 7 月 4 日在湖州会馆收殓，有同志前往
悼念。从 6 月 29 日下午 3 时被捕到 7 月 1 日下午被杀害，只有

建于 1900 年的湖州会馆

湖州会馆今貌（摄影：谭振勇）

浙江省平湖市新埭镇
大齐塘村福陵园公墓

福陵园公墓英烈园

福陵园公墓英烈园内
的张佐臣烈士墓（衣
冠冢）

张佐臣画传

浙江平湖名人馆内的张佐臣雕像

短短不到 3 天时间，张佐臣被国民党特务打得遍体鳞伤，不但用皮鞭打，还用烙铁烫，全身没有一块好皮肉。7 月 4 日中午，张佐臣悼念祭礼在湖州会馆殡舍举行，与会同志痛哭不已。有一位姓许的女同志也来参加悼念会，她是张佐臣的秘书，她和张佐臣有着深厚的革命情谊，想到曾和张佐臣并肩作战的日子，她哭得越发伤心了，与会同志宽慰许秘书："要化悲痛为力量，佐臣未了的工作，你去替他完成，这是最好的安慰。"

年仅 21 岁的张佐臣永远地离开了我们，但他在中国工人运动史上留下的印记——出口成章、为工人据理力争的斗士，开办工人学校、发展党员入党的张大哥，善于组织领导、勇于挺身而出的播火者，临危不惧、视死如归的英雄楷模，永远镌刻在党一路走来的里程碑上，不断给予我们力量。正如同志们所说，对他最好的致敬，莫过于继承他未完成的事业，怀着和先烈一样的热血与激情，昂首阔步奔赴新的伟大征程。

张佐臣大事年表

1906 年

　　出生于浙江平湖。

1920 年

　　在上海日商大康纱厂做工。

1924 年

　　9 月　蔡之华在沪东建立工人进德会。

　　参加沪东工人进德会。

　　加入中国共产党。

　　参与组建大康纱厂工会。

1925 年

　　2 月　沪东工人进德会解散。

　　上海日商纱厂工人二月同盟大罢工，史称"二月罢工"。

　　参与发动日商大康纱厂罢工。

　　2 月 25 日　作为日商纱厂 6 名代表之一，为争取工人利益与日商谈判。

　　5 月 1 日　作为上海工人代表之一出席在广州召开的第二次

全国劳动大会。

5 月 15 日　中国工人代表顾正红被日本资本家枪杀，激起广大民愤，这一事件成为五卅运动的导火索。

5 月 18 日　上海总工会筹备委员会成立，张佐臣任筹备会董事。

5 月 24 日　担任顾正红追悼大会的副指挥。

6 月 1 日　上海总工会正式挂牌。

6 月初　张佐臣担任浦东罢工委员会办事处〔后改为上海总工会第三（浦东）办事处〕主任。

8 月　上海纱厂总工会主要负责人之一，中共上海（江浙）区委候补委员。

秋　开办浦东平民学校，任校长和教师。

1926 年

5 月 1 日　带领 30 余名上海工人代表出席在广州举行的第三次全国劳动大会。

7 月　当选为全国劳动大会第三届执行委员会常务委员。

秋　先后在上海总工会第四办事处、中共浦东部委、中共南市部委任职，任小沙渡曹家渡区上海总工会代表。

9 月　被任命为中共无锡独立支部书记，赴无锡领导、开展工人运动。

10 月　任中共无锡县委书记。

11 月　任无锡职工运动委员会主要负责人。

1927 年

1 月 4 日　任无锡县总工会秘书长。

1 月 13 日　张佐臣和周月林的女儿在苏联出生。

2 月 11 日至 15 日　中共上海区委第一次全区党员代表大会举行，任大会主席团成员之一，兼任政治问题委员会委员、工人问题委员会委员、提案审查委员会委员，当选为中共上海区委委员。

2 月 16 日　中共无锡地委成立，任地委书记。

3 月 21 日　无锡总工会公开成立，任总工会秘书。

3 月 22 日和 4 月 4 日　指导"军民联欢会和反英讨奉暨追悼北伐军阵亡将士大会"。

4 月　任上海总工会副委员长，在白色恐怖下领导上海总工会。

4 月 22 日　从上海出发参与中共第五次全国代表大会。

4 月 27 日至 5 月 9 日　出席中共五大，当选为第一届中央监察委委员。

5 月　第四次全国劳动大会在汉口召开，再度当选为中华全国总工会执行委员。

6月29日　在上海总工会秘密机关被捕，当晚押送至枫林桥国民党保安司令部。

7月1日　遭国民党反动派杀害，英勇就义。

7月4日　张佐臣悼念祭礼在湖州会馆殡舍举行。

参考文献

1. 中共上海市委党史研究室编：《上海英烈传》第八卷，上海远东出版社 1994 年版。

2. 浙江省平湖县志编纂委员会：《平湖县志》，上海人民出版社 1993 年版。

3. 马永庭：《工人的挚友　革命的斗士：张佐臣烈士》，嘉兴市档案史志网。

4. 陈刚：《人民司法的开拓者——梁柏台传》，中共党史出版社 2012 年版。

5. 张静如、张树军总主编：《中国共产党九十年历程：1921—2011（合作北伐）》，吉林人民出版社 2011 年版。

6. 上海市浦东新区史志征集编纂室　上海市浦东新区烈士陵园管理所合编：《浦东新区英烈传》，华东理工大学出版社 1994 年版。

7. 虞建安、李兆娟、汪旭东：《雨花台烈士传丛书——恽代英传》，江苏人民出版社 2016 年版。

8. 中共上海船舶修造厂委员会宣传部编：《黄浦江的怒涛》，

1961 年版。

9. 中共平湖市委先进性教育活动办公室、平湖市史志办公室编:《平湖英烈》, 2005 年 4 月版。

10. 刘明逵编:《中国工人运动史》(第三卷), 广东人民出版社 1998 年版。

11.《中国共产党杨浦(沪东)史》编纂委员会编:《中国共产党杨浦(沪东)史(1921—1949)》, 上海人民出版社 2011 年版。

12. 曾成贵:《中国工运历史英烈传·许白昊》, 中国工人出版社 2017 年版。

后　记

　　习近平总书记曾说："一个有希望的民族不能没有英雄，一个有前途的国家不能没有先锋"，一切民族英雄都是中华民族的脊梁，他们的事迹和精神都是激励我们前行的强大力量。我们心怀崇敬，浓墨重彩地记录英雄、塑造英雄，让中华民族的英雄在作品中得到传扬，让更多人了解这些牺牲在早期的党的领袖们，感同身受他们的激昂青春、聪明睿智，他们的报国之心、大有作为，他们的浴血奋斗，乃至流血牺牲，从中汲取精神养分与前行的力量，相信这就是"龙华英烈画传系列丛书"存在的意义，也是笔者撰写本书的初衷。

　　然由于张佐臣烈士牺牲时间较早，其留下的资料较少，故在本书撰写的前期，笔者进行了大量查找、收集资料工作，得到了各界专家的大力支持与帮助，铭感于心。

　　4月，笔者在赴张佐臣的故乡浙江平湖征集资料的过程中，得到中共市委党史研究室曹力奋巡视员的大力支持以及悉心指导；得到平湖市纪委李昊老师、平湖党史研究室唐建明老师的大力支持；得到无锡档案馆唐丽娟老师的大力协助，她提供了张佐臣在无锡发动工人运动的相关图片资料。后期为本书配图的过程中，得到上海纺织博物馆、中共五大纪念馆、新昌县档案局的支持协助。

本书的最终呈现，还要感谢中共市委党史研究室主任严爱云对本书在资料收集、创作、审读等过程中给予的关心、指导和帮助。还要感谢同属于龙华英烈画传系列丛书之《林育南画传》作者严亚南和《彭湃画传》作者赵菲的大力帮助，严亚南向笔者提供了上海纺织博物馆的联系方式，为梳理张佐臣在日商纱厂的经历、征集相关照片，提供了便利。赵菲在笔者与平湖市的前期联系过程中，给予了大力帮助，还向本书提供了"第三次劳动大会会址"的照片。此外，还要感谢《陈延年画传》的作者曹典、《赵世炎画传》的作者段春义、《许白昊画传》的作者周春燕，市委党史研究室马婉、胡迎等同志在本书写作、收集资料过程中给予的支持与帮助。

在本书初稿的审读过程中，得到了国防大学教授、党史专家韩洪泉的悉心指导，他提出的许多宝贵意见，为本书的进一步优化提供了思路，促使本书内容更丰富、表述更准确。

正如习近平总书记所说："理想之光不灭，信念之光不灭。我们一定要铭记烈士们的遗愿，永志不忘他们为之流血牺牲的伟大理想。"

预祝本系列图书能够取得较好的社会反响，让更多读者通过本系列图书走进英烈的世界，尤其是那些早年牺牲的英雄楷模们，正如本书结尾所说：对英烈们的最好纪念，莫过于继承他们未完成的事业，让英烈的理想信念之光，照亮我们前行的路。

作者

图书在版编目(CIP)数据

张佐臣画传/中共上海市委党史研究室,龙华烈士
纪念馆编;沈洁著. —上海:上海人民出版社,2021
ISBN 978 - 7 - 208 - 17222 - 7

Ⅰ.①张… Ⅱ.①中… ②龙… ③沈… Ⅲ.①张佐臣
(1906 - 1927)-传记-画册 Ⅳ.①K827=6

中国版本图书馆 CIP 数据核字(2021)第 133010 号

责任编辑 王　吟
封面设计 周伟伟

张佐臣画传
中共上海市委党史研究室
龙 华 烈 士 纪 念 馆 　编
沈　洁 著

出　　版　上海人民出版社
　　　　　　(200001　上海福建中路 193 号)
发　　行　上海人民出版社发行中心
印　　刷　上海中华印刷有限公司
开　　本　720×1000　1/16
印　　张　7.5
字　　数　60,000
版　　次　2021 年 7 月第 1 版
印　　次　2021 年 7 月第 1 次印刷
ISBN 978 - 7 - 208 - 17222 - 7/K · 3110
定　　价　48.00 元